AF259404

APPEL

A

LA RAISON DES CLAIR-VOYANS,

PAR

Le gros bon sens d'un Aveugle.

MÉMOIRE A CONSULTER.

ANGOULÊME,

CHEZ LAROCHE ET PÉREZ-LECLER, LIBRAIRES;

ET A COGNAC, CHEZ DEDÉ, LIBRAIRE.

DE L'IMPRIMERIE DE J. BROQUISSE.

1830

MÉMOIRE

A

CONSULTER.

Pax optima rerum......

« NOS SEIGNEURS,

» QUATRE Frères en discord vous apportent leurs
» doléances :

» Le plus jeune, aveugle de corps et d'esprit,
» veut tout conduire;

» Le troisième, docteur *in utroque*, affecte la
» prééminence;

» Le second, porte-soutane, prétend que le bon-
» net carré domine;

» L'aîné, homme de qualité, en appelle sans
» cesse à son habit.

» Mais si le privilége tenait à l'habit, le pauvre
» aurait bientôt volé celui du riche ;

» S'il était dans la forme du bonnet, nous au-
» rions bien vîte des coiffures uniformes ;

» S'il s'attachait au savoir, où le trouver parmi
» des hommes qui toujours ignorent tant de choses !

» Quant aux aveugles.... point de privilége pour
» eux au pays des Taupes.

» Voilà ce qui fait la matière et l'embarras du
» procès.

» Murissez bien ceci, Nos Seigneurs ; et que Dieu
» vous ait en sa digne et très-sainte garde ! »

Voilà quarante ans que, sur cette requête, les
parties sont en instance !... Est-il donc étonnant que,
de ceux appelés à juger, les uns disent en secouant
la tête : *Je n'y comprends rien ;* et les autres, comme
César : celui-ci à raison..... celui-là, je crois, n'a pas
tort.

Analysons les faits :

Un père, chargé d'années et de soucis, qui voudrait voir la paix dans sa maison, et puis mourir.

Quatre enfans, tous frappés d'un mal incurable... l'orgueil.

L'aîné, lancé de bonne heure dans la carrière militaire, a échangé une jambe et un œil pour un titre de noblesse ; c'est quelque chose. Rentré dans ses foyers avec une pension de retraite, il ne parle que de ses décorations, de ses titres, de ses faits d'armes ; il régente ses frères, admonéte son père, et se fait appeler M. le Baron.

Son cadet, homme d'église, qui a obtenu un canonicat, et qui espère bien être évêque, n'aime pas les remontrances. Le Petit Collet, dit-il, *a toujours valu l'épée....* Celui-ci s'appelle M. l'Abbé.

Le troisième, docteur en droit, et reçu avocat en robe rouge, qui explique Homère, qui traduit Virgile, ne peut endurer l'arrogance de M. le Baron, ni les prétentions de M. l'Abbé. Cent fois le jour il les envoie au diable l'un et l'autre.... Nous l'appellerons M. l'Avocat.

Le plus jeune enfin, bossu, boiteux, aveugle, et qui n'a jamais rien appris, après une assez longue patience, a fini par prendre la mouche : il a déclaré nettement qu'il ne serait plus le Petit Bossu* chargé des mépris et de la mauvaise humeur de ses frères ; que c'était bien assez qu'il fût ainsi disgrâcié de la nature sans être encore la bête de somme de la maison ; bref, qu'il s'ennuyait de vivre en tutelle.

Mais émanciper un aveugle !...... N'importe, il a fallu céder ; et l'acte d'émancipation, produit au procès, est l'ouvrage d'un sage : vrai pacte de famille, où tout semble avoir été prévu pour le repos et le bonheur de tous.

Inutile chef-d'œuvre de la tendresse paternelle!.... La Discorde marche, et ne connaît point d'obstacle.

Toujours des frères rivaux.

M. l'Abbé veut être maître, et cela doit être : car, à l'église, il reçoit le premier coup d'encensoir ; car, aux processions, on le voit en tête du cortége ; car, à Rome, on baise la mule du Pape.

M. le Baron parle fièrement de son droit d'aînesse, et en réclame les prérogatives : car, dès l'enfance du monde, les aînés ont eu des priviléges; car Jacob, pour en jouir, sacrifia un plat de lentilles.

M. l'Avocat répond à l'un, que son esprit de domination est un contre-sens ; à l'autre, que les

---

* Nous lui conserverons ce sobriquet.

aînés et les cadets sont sortis de la même enveloppe;
et M. l'Avocat prétend faire la loi, car jadis gens
de sa robe ont admonété les rois; car les sages et les
latinistes ont consacré cet adage : *Cedant arma togœ.*

Le Petit Bossu, qui voudrait bien ouvrir de
grands yeux, veut du moins que sa voix couvre celle
des autres; *non, s'écrie-t-il en fausset, canaille, vous
ne me vexerez pas!!....* et il a tout dit, car c'est l'ex-
pression de son indépendance, sa protestation la plus
énergique, son *ultima ratio.*

Et en effet l'apostrophe fait toujours explosion :

Le porte-soutane crie au scandale, à l'impiété,
et lance ses anathèmes;

La jambe de bois s'indigne, et court à son épée;

Satisfait de l'humiliation et de la colère de ses
deux aînés, le docteur dissimule et se tait....

Et il y a quarante ans que cela dure! et M. l'Abbé,
et M. le Baron, et M. l'Avocat savent leur *La Fon-
taine* par cœur, du moins on l'assure, et pas un
encore n'a eu le bon esprit de méditer la fable du
Vieillard mourant! ni même celle de l'*Huître!* ni
même celle des *deux Chèvres!!*

Comme s'il leur échappait que la division produit la faiblesse; que le fonds du procès se mange,

pendant que l'on s'embrouille dans les formes, et que l'obstination à ne rien céder souvent expose à tout perdre.

Mais voyez quelle pétulence!

Il y a long-temps que, sans la sagesse du père, la maison serait en déconfiture ; c'est si clair, qu'avec toute sa logique, M. l'Avocat lui-même n'oserait le contester.

Eh bien! que le père fasse la moindre réforme, qu'il renvoie un serviteur, qu'il remplace un intendant..... si l'un des enfans approuve, les trois autres vont crier!

« Ce nouveau venu, dira M. le Baron, m'a l'air
» de ne pas aimer les gens de ma qualité ; mes in-
» térêts seront négligés....

» Allons, s'écriera M. l'Abbé, voilà dans la maison
» un *athée* de plus, le drôle a pris un huguenot en
» sous-aide! »

Et bientôt M. l'Avocat répandra sa bile, parce que le nouveau serviteur aura fait à M. l'Abbé une profonde révérence.....

Puis chacun a ses espions, tous gens à gages, et qui sont autant de flatteurs, véritables langues d'aspic, toujours prêtes à répandre le poison.

« Vous avez raison, dit l'un à M. l'Abbé, votre
» père s'abuse, et sa confiance est trompée; car enfin,
» que penser d'un intendant qui vous déteste, et qui
» croirait s'humilier en vous rendant ce qui vous est
» dû? Au reste vous pouvez en essayer..... suspendez
» là votre soutane, et vous verrez si le faquin en
» passant fléchira le genou! »

Cet autre, pendu à l'oreille de M. le Baron, lui
souffle à demi-voix : « Prenez-y garde! vous avez
» pour homme d'affaires un bien mauvais sujet ;
» croiriez-vous que le garnement donnerait (il a osé
» le dire!) vingt *barons* pour un *avocat?* »

L'homme de robe reçoit aussi son message : « Bon
» Dieu! à quel bandit votre père s'est confié! Vous
» ne devineriez jamais à quoi tend ce rusé fripon?
» à faire casser le pacte de famille qui vous assure
» quelques droits dans la maison. — Pas possible!
» — C'est celà, je vous le jure!

» Petit Bossu!..... Petit Bossu!.... lui dit-on avec
» mystère, quelques jours encore et tu retombes en
» tutelle. »

O malice!.... malice!!..... malice des hommes!!!....

Maintenant, Messieurs les Sages (car c'est à vous que je m'adresse), vous êtes priés de vouloir bien donner votre avis sur les questions suivantes :

Ire SÉRIE.

1.° M. l'Avocat *n'a-t-il pas tort de méconnaître les titres de* M. le Baron?

Car, enfin, ces titres ont été acquis à la pointe de l'épée : témoins l'œil postiche et la jambe de bois.

Et même, quand M. le Baron aura payé sa dernière dette, faudra-t-il dédaigner dans les enfans la noblesse du père? N'ont-ils pas eu les maisons du défunt, ses meubles, son argent, ses équipages? pourquoi donc leur contester la meilleure part de l'héritage?

2.° M. l'Avocat, *au lieu de déployer fièrement sa toge pour masquer l'épée de son frère, n'aurait-il pas meilleure grâce d'honorer franchement l'arme distinctive de* M. le Baron, *qui, sans doute, en homme de qualité, se piquerait, sinon de justice, au moins de politesse?*

Car au fait, la toge et l'épée ont chacune leurs mérites, et ne peuvent l'une et l'autre parer qu'un homme d'honneur, ce serait même un très-beau texte pour une amplification de rhétorique.

Mais pourquoi M. l'Avocat voudrait-il que la toge eût la préférence? parce que souvent le savoir et le talent s'y rattachent?

A quoi bon votre érudition, M. l'Avocat; à quoi bon votre éloquence, et toutes les ressources de votre esprit, si, avec de tels avantages, vous ne pouvez avoir la paix avec vos frères?

Ne perdez donc pas de vue que le pâtre, qui sait tout juste compter ses moutons, et qui, le soir, s'endort tranquille, après avoir prié *le bon Dieu* et embrassé ses enfans, est mille fois plus heureux que vous qui savez tant de choses, et surtout bien plus utile à la société, qu'il n'a jamais affligée de ses discordes.

3.° M. l'Avocat *traitera-t-il toujours avec* M. l'Abbé *d'égal à égal, et ne doit-il rien à la sainteté de son ministère?*

M. l'Avocat a sans doute une croyance religieuse : de plus sauvages que lui en ont une; M. l'Avocat a aussi du jugement, du moins il s'en flatte ; or, avec de la religion et un esprit sain, on ne peut sans inconséquence compromettre le sacerdoce, et assurément c'est le compromettre que de ne pas lui rendre tous les respects qui lui sont dus.

4.° M. l'Avocat *ne se trompe-t-il pas en tirant parti, contre ses frères, de l'ignorance du* Petit Bossu?

L'ignorance et l'ivresse ont souvent les mêmes écarts... l'homme ivre se relève donnant un coup de bâton à celui qui vient d'écarter les écoliers et les rieurs.

M. l'Avocat, prenez garde!....

5.° M. l'Avocat *croit-il de bonne foi que son père puisse se résoudre à déchirer le pacte de famille?*

Ce serait la première fois qu'un père jetterait la pomme de discorde à ses enfans.

II.ᵉ SÉRIE.

1.º M. le Baron *n'est-il pas injuste dans ses mé-pris?*

Car M. le Baron ne parle de M. l'Avocat qu'avec un sourire dédaigneux, et du Petit Bossu qu'en haussant les épaules : M. l'Abbé seul obtient quelques égards.

Mais M. le Baron fera une très-humble révérence au courtisan adulateur qui, tous les jours, trahit son maître en lui baisant la main....

Que M. le Baron se juge lui-même !

Et surtout qu'il n'oublie pas que, si peu qu'il y eût de politique dans ses déférences pour M. l'Abbé, ce serait de l'hypocrisie toute pure.

Oui, mon cher Baron, de l'hypocrisie....

2.º M. le Baron *est-il bien sensé quand il parle de son droit d'aînesse?*

La nature peut faire des cadets : témoin notre pauvre Petit Bossu, sans intelligence pour sa gouverne, sans yeux pour se conduire, et qui n'a qu'une *éminence* pour exciter à rire ; mais le cœur d'un bon père n'a point d'aînés, et les lois qui en ont fait, à coup sûr furent méditées ou par des célibataires, ou par des hommes comme il y en a, au rapport de quelques observateurs :

» Parmi les phénomènes qui m'ont le plus étonné, » dit un naturaliste, j'ai vu des pères qui n'avaient » jamais embrassé leurs tout petits enfans, de peur » de se mouiller la joue..... »

3.° M. le Baron *ne doit-il avoir de mémoire que pour les injures de son frère le* Bossu?

Il semble que M. le Baron devrait aussi se rappeler ses torts, et les porter en compte; autrement c'est un homme qui nie ses dettes. Ah! M. le Baron, il vaudrait peut-être mieux tout oublier.....

Pour jouir d'un jour serein, permis de songer à l'orage de la veille; mais après de longues querelles, à quoi bon se souvenir du passé? Il n'est pas toujours prudent de regarder derrière soi..... Le musicien Orphée a pu faire à ce sujet une belle complainte.

III.ᵉ SÉRIE.

1.° M. l'Abbé *a-t-il droit, pour quelques prérogatives méconnues, d'accuser* M. l'Avocat *ou le* Petit Bossu *d'athéisme?*

D'abord, cela n'est pas très-charitable; on pourrait même dire que c'est contraire à l'humilité chrétienne : car, M. l'Abbé, prenez-y garde, vous êtes souvent la divinité offensée.

Et puis, est-ce que vous croyez sérieusement aux athées ?

Les cœurs droits ont toujours douté qu'il y en eût; c'est un doute de sentiment, peut-être aussi de bonne logique........ Vous a-t-on dit que, devant la colonnade du Louvre, on ait une seule fois nié l'architecte? — Ce serait un peut fort, n'est-ce pas? — Mais c'est qu'il serait encore plus fort qu'avec des yeux pour voir le monde, on m'éconnût son auteur.

La nature a bien des *colonnades.*

2.° M. l'Abbé *doit-il voir avec humeur, dans la maison de son père, un huguenot manger le gros pain de l'office?*

Mais, M. l'Abbé, songez donc que votre dieu, pour donner à chacun son soleil, fait sans cesse pirouetter la terre comme une toupie ! que toutes les vingt-quatre heures le Roi des astres, après avoir lavé sa tête blonde dans le *fleuve jaune,* court à pas de géant se sécher sur les rives du *Mississipi !*

Et pourquoi, s'il vous plaît ?

Pour éclairer la chasse des Illinois qui, au retour, se prosterneront devant leurs *Manitous ;*

Pour féconder, en traversant l'immensité des mers, des îles encore inconnues et sauvages dans leur culte comme dans leurs mœurs ;

Pour mûrir les olives de Maroc et de Tunis, où les vrais croyans gémissent dans l'esclavage ;

Pour verser, dans notre Europe, la joie et l'abondance sur les enfans hérétiques de Luther et Calvin ;

Pour rougir le café de l'Arabe, qui ne veut croire qu'au paradis de Mahomet ;

Pour hâter la sève des cocotiers du Malabar, où le fanatisme allume encore des bûchers ;

Pour sécher le thé de ces Chinois, si policés à les entendre, mais qui fléchissent le genou devant des idoles à faire rire nos paysans et avorter nos femmes enceintes....

Ainsi le père des humains traite tous ses enfans avec bonté, et leur donne à tous le pain quotidien, sans faire la différence des cultes, sans rien précompter au préjudice de l'ignorance ou de l'erreur.

Quel autre modèle, M. l'Abbé, voulez-vous que l'on vous propose?

3.° M. l'Abbé *sait-il bien ce qu'il veut quand il préconise le bon vieux temps (car c'est sa chère marotte), et rappelle ses gens à la simplicité des mœurs antiques?*

M. l'Abbé, donnez-vous la peine de relire l'histoire de votre pays :

Vous verrez qu'à une époque déjà assez reculée pour n'être plus moderne, un certain Urbain, justement un des vôtres, fut brûlé vif *pour avoir communiqué avec le diable.*

Il n'y avait pas long-temps qu'une très-grande dame, *convaincue aussi de sorcellerie,* avait subi la même peine en place de Grève ; il est vrai qu'elle ne fut pas brûlée vive : on lui fit la grâce de lui couper la tête avant de la mettre sur le bûcher.

Alors, du moins, les mœurs étaient assez douces...

Remontant plus haut, vous lirez sur une médaille frappée en mémoire de la Saint-Barthélemi,

cette heureuse inscription : *Pietas excitavit justi-*
tiam.... et à l'exergue : *Carolo nono, regi piissimo.*

Plongeant toujours dans *l'antiquité,* vous suivrez
vos chers aïeux dans ces guerres d'outre-mer, entre-
prises pour la délivrance de la Terre-Sainte, mais
enrichies d'épisodes qu'auraient désavoués les hordes
barbares de *Gengis-Kan.*

Vous donnerez aussi quelques minutes d'attention
à la guerre des *Albigeois.*

Voulez-vous aller plus avant? vous trouverez les
monastères encombrés de victimes à qui l'ambition
et l'avarice ont coupé les cheveux.

Enfin, quitterez-vous la France des *Mérovingiens*
pour la Gaule des *Druides?* vous pénètrerez dans
l'ombre des forêts, et là verrez, si vous en avez la
force, le sang humain couler sous le couteau des sa-
crificateurs.....

Voilà, je crois, des mœurs antiques; maintenant
voyez les nôtres, et jugez....

— Mais les nôtres aussi ont leurs travers? — C'est
possible; nous ne sommes, comme nos ancêtres, que
des hommes...... et vraisemblablement nos derniers
neveux nous ressembleront.

IV.ᵉ SÉRIE.

1.° *Le* PETIT BOSSU *doit-il se prévaloir de son émancipation pour faire le maître, et ne vouloir plus ni remontrances ni conseils?*

Rappelle-toi, pauvre PETIT BOSSU, que, quelques jours après l'émancipation, ton père s'étant absenté, il n'est point d'extravagances, point de folies que tu n'aies faites; que tes actions, comme tes paroles, étaient en raison inverse du sens commun; qu'ennemi juré de tes frères, sans trop savoir pourquoi, tu ne pouvais entendre parler du BARON qu'avec des grincemens de dents, ni sentir l'ABBÉ auprès de toi qu'il ne te prît envie de le mettre en pièces; et que plus d'une fois le malheureux, pour assouvir ta rage, te jeta son bonnet carré comme on jetterait un mouchoir à un chien gâté.

Ton frère l'AVOCAT, dont tu servais le ressentiment, te caressait et te donnait des louanges. A l'entendre, ta raison s'était affermie, ton intelligence se développait, tes yeux s'ouvraient à la lumière....

Pauvre PETIT BOSSU! n'es-tu pas toujours ignorant, toujours aveugle? N'es-tu pas fait pour te laisser conduire, comme le chameau du désert pour porter le faix de la caravane?

2.° *A qui donc le* PETIT BOSSU *doit-il se confier ?*

Sera-ce à M. le BARON ? mais, dit le pauvre aveugle dans ses accès de bon sens (car qui n'en a pas quelquefois), M. le BARON me préférerait son vieux cheval de bataille, lui qui répète sans cesse que le ciel et la terre, tout ce qui végète et tout ce qui respire a été fait pour l'*homme,* et qui ne voit d'hommes au monde que les *barons....*

Sera-ce à M. l'AVOCAT ? mais avec son air patelin, M. l'AVOCAT est un égoïste qui aimerait bien qu'on lui tirât les marrons du feu.

Serait-ce à M. l'ABBÉ ? mais M. l'ABBÉ mêle quelquefois les besoins de la terre aux intérêts du ciel.....

Eh ! pauvre PETIT BOSSU, ton père n'est-il pas là ? quand son cœur a-t-il eu d'injustes préferences ? quand as-tu cessé d'être comme tes frères, l'objet de ses plus tendres sollicitudes, quand l'as-tu trouvé sourd à tes vœux, dur à ton ignorance, insensible à tes infirmités ?

Pauvre PETIT BOSSU, c'est ta providence !....

V.ᶜ ᴇᴛ ᴅᴇʀɴɪèʀᴇ SÉRIE.

1.° *Convient-il, même à* M. le Bᴀʀᴏɴ, *de que-reller sans cesse les serviteurs de la maison pater-nelle ?*

Et ici l'on parle de ces *serviteurs* de première classe, appelés magnifiquement *Messieurs les In-tendans.*

Si donc *Monsieur l'Intendant* est en faute, qu'on le critique, qu'on l'accuse.... rien de mieux.

Mais quand il n'a pas encore failli, pourquoi s'é-lever contre lui ? pourquoi demander sa disgrâce ?

Du moins faudrait-il pouvoir dire comme le loup de la fable :

« Si ce n'est *lui*, c'est donc *son* frère ;
» C'est donc quelqu'un des *siens.* »

Et souvent M. l'Aᴠᴏᴄᴀᴛ, malgré sa fécondité en expédiens, n'a même pas le prétexte du mangeur de moutons.

Rien de plus injuste, et surtout rien de plus con-traire aux intérêts communs : car jamais intendant ne quitte la maison sans emporter quelque dépouille....

« Par la raison bien simple, aurait dit *Sancho*,
» que tout sac qui se vide reste enfariné ;

» Que tout buisson qui accroche la brebis, retient
» son flocon ;

» Et que toute belette sort du grenier plus ronde
» qu'elle n'y était entrée. »

2.° *Les quatres frères n'ont-ils pas le plus grand
tort de prêter l'oreille à leurs flatteurs ?*

Qui sait flatter sait mentir .... le proverbe n'a
jamais failli : on peut en appeler à tous les âges, à
toutes les conditions ; au courtisan qui, pour obtenir
des grâces, caresse les vices de son maître ; à l'enfant
du village qui, pour avoir un pain d'épices, promet
à sa mère d'être sage toute la semaine.

Au pays des animaux parlans, certain renard,
madré comme tous ceux de son espèce, passe pour
avoir dit fort à propos :

> » .... Que tout flatteur
> « Vit aux dépens de celui qui l'écoute. »

3.° *N'y a-t-il pas dans ce fameux procès une ré-
ciprocité de torts suffisante pour déterminer une
transaction ?*

» *Il n'est si clair procez*, a dit le bon Montaigne,
» *auquel les advis ne se treuvent divers.* »

Et Montaigne, qui n'aimait pas les avocats, leur
impute la faute.

Il est vrai que rarement les formes éclaircissent le fond ; mais encore s'il y a toujours tant d'incertitude, c'est que jamais le bon droit et la raison ne sont sans alliage, et voilà ce qui embarrasse.

Que chacun ici se mette dans la balance :

M. le Baron, avec tout l'orgueil de ses prétentions ;

M. l'Abbé, avec toute l'opiniâtreté de ses préjugés ;

M. l'Avocat, avec toute la ténacité de son amour-propre ;

Le Petit Bossu, avec toute la crasse de son ignorance....

Eh bien ! qui l'emporte ?

4.° *Enfin, n'est-il pas à craindre que, si l'on ne se rapproche, quelque voisin ambitieux ne mette à profit la mésintelligence des quatre frères, et ne vienne à bout d'envahir leur patrimoine.*

Pendant que les pâtres se disputent, le loup emporte la brebis ; et déjà que de brebis mangées !....

Que M. l'Avocat, accoutumé à ces opérations, parcoure l'étendue de ses domaines, et fasse une *application de titres ;* qu'il voie ce qu'on a usurpé, et qu'il y prenne garde !

Que M. le Baron et M. l'Abbé se rappellent ce qu'il leur en a coûté pour avoir accepté les offres officieuses de quelques entremetteurs intéressés, et qu'ils y prennent garde !

Que le Petit Bossu se mette bien dans la tête que toutes ses ressources, à lui, se renferment dans son patrimoine ; que s'il le perdait, il serait le plus malheureux de la famille, et qu'il y prenne garde !....

Ces réflexions nous ramènent à notre épigraphe : *Pax optima rerum.....*

Vous, M. l'Avocat, qui savez le latin, expliquez cette sentence à votre frère le Petit Bossu ; priez M. l'Abbé de l'écrire sur la couverture dorée de son bréviaire, et que M. le Baron n'oublie pas de la faire graver sur la garde de son épée *.

Par un CHARENTAIS.

Mars 1830.

---

* Pour satisfaire le goût du jour et la curiosité du plus grand nombre, l'éditeur de ce Mémoire y aurait volontiers ajouté des *portraits.*

Il avait en cela un grand avantage, car il pouvait garantir la ressemblance, ce que ne feraient pas même ceux qui nous donnent les effigies des hommes de Plutarque.

Mais il y a eu des obstacles invincibles.

M. le BARON a pris vingt poses différentes, sans pouvoir s'arrêter à aucune; cependant il se serait décidé à se faire représenter sur son cheval de bataille, l'épée nue, courant à l'ennemi; mais il demandait que la jambe de bois ne parût pas; car M. le BARON fait sa cour à une jeune veuve, et, dans ses coquetteries, cette maudite jambe le chagrine.

L'artiste a observé qu'à moins de placer M. le BARON sur un chameau, il était impossible que l'avantage du profil et le ventre de l'animal dérobassent tout-à-fait le membre postiche; autrement, M. le BARON aurait eu l'air d'un Pigmée à cheval, et sa belle taille de cinq pieds six pouces venait à pure perte.

M. l'ABBÉ était prêt, le jour était donné; mais voilà que feuilletant une Bible *in quarto*, il tombe sur deux estampes que le hasard y avait accolées : c'étaient Molina et Jansénius... « Vive dieu! à quels rapprochemens l'on s'expose!!... et vîte, » courez chez le peintre lui dire qu'il ne vienne pas. »

M. l'AVOCAT en était à la dernière séance : on le voyait dans une attitude imposante, la main droite tendue en avant, l'oeil étincelant, les lèvres mobiles, tel qu'un Démosthènes à la tribune.

« Mon cher, lui dit un ami, vous êtes là comme Saint-Paul parlant la bouche ouverte!

M. l'AVOCAT est susceptible, ce fut assez.

Enfin, le pauvre aveugle qui ne sait ce que c'est que la peinture, a cru qu'on voulait lui tendre un piége ; et quand on l'a pressé de rester quelque temps immobile : « Non, » non, s'est-il écrié, je ne veux pas qu'on me lie ! je ne ren— » trerai point en tutelle !!.....

Ce qui prouve qu'on ne guérit point de la peur.

Cher lecteur, qui que tu sois, homme de robe ou d'épée, prêtre, noble ou plébéïen, tu n'as pas besoin de me con‑naître pour savoir qu'à l'occasion je ne m'épargne pas moi‑même : ainsi tu ne te plaindras point de ma franchise ;

Mais en profiteras-tu bien ? as-tu compté les torts de ton amour-propre ? as-tu senti le ridicule de tes intolérances ? car, qui que tu sois, tu as aussi les tiennes : si ce n'est en religion, c'est en politique, c'est de toute autre manière ; c'est en blâmant tes pareils du bien qu'ils font à ceux que tu crois tes ennemis, ou de l'estime qu'ils accordent à ceux que tu n'as jamais honorés ; c'est en voulant que tous les hommes pensent et agissent comme toi.....

Si, en riant, je t'avais corrigé ; si tu étais enfin décidé à vivre en paix avec tes FRÈRES, sans autre ambition que celle du bien, j'aurais frappé le but, et je me dirais avec un orgueil tout français : « j'ai donc aussi servi mon ROI et mon PAYS ! »

ANGOULÊME. — IMPRIM. DE J. BROQUISSE.